AF562966

8° Ol
1698

PEDRO PIDAL

Marquis de VILLAVICIOSA de ASTURIAS

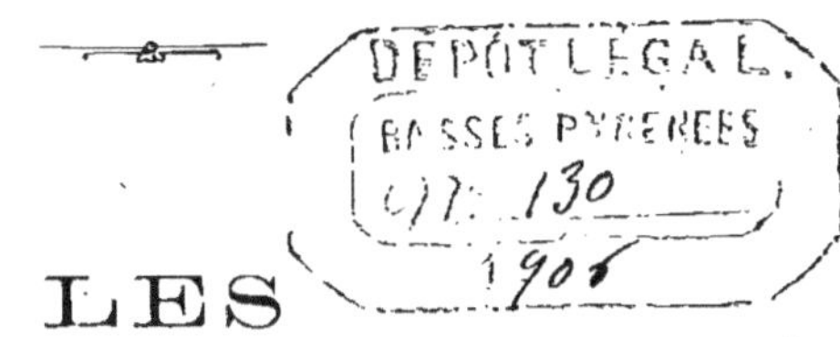

LES PICS D'EUROPE

LE NARANJO DE BULNÉS

TRADUIT DE L'ESPAGNOL

PAR FONTAN DE NÉGRIN

Membre du C. A. F.

PAU

IMPRIMERIE-STÉRÉOTYPIE GARET, RUE DES CORDELIERS, 11

J. EMPÉRAUGER, IMPRIMEUR

1906

PEDRO PIDAL

Marquis de VILLAVICIOSA de ASTURIAS

LES
PICS D'EUROPE

LE NARANJO DE BULNÉS

TRADUIT DE L'ESPAGNOL

PAR FONTAN DE NÉGRIN
Membre du C. A. F.

PAU

IMPRIMERIE-STÉRÉOTYPIE GARET, RUE DES CORDELIERS, 11

J. EMPÉRAUGER, IMPRIMEUR

1906

LES

PICS D'EUROPE

LE NARANJO DE BULNÉS[1]

Bulnés, hameau de pâtres et de chasseurs d'isards[2], est, de tous les villages asturiens, celui qui se rapproche le plus du centre des Pics d'Europe ; on y accède, depuis Arenas de Cabrales, par un vallon extrêmement pittoresque, resserré entre des murailles à pic et au fond duquel coulent les eaux limpides du « Rio Carés » tout rempli de truites. Au bout d'une heure ou deux de marche à travers ce paysage dantesque, on quitte le torrent et on monte sur la gauche par un sentier en zigzags, le plus scabreux et le plus alarmant que j'aie vu de ma vie.

Bulnés est encaissé entre des murs de rochers, et seulement à l'Est s'aperçoivent les pâturages qui conduisent à la « Canal de Camburero ». Une fois entré dans cet horrible couloir, sans sentier aucun et au bout de deux heures environ, on se trouve au pied d'un rocher colossal, taillé à pic sur ses quatre faces. Ce rocher, le pic le plus fameux des Pics d'Europe, est le Naranjo de Bulnés.

Schultz, le savant allemand, qui contribua si consciencieusement à la topographie des Asturies, lui donne, d'après ses calculs, 2380^{m} d'altitude et le compare à une colonne, cylindre ou cheminée de cette hauteur.

1. — Voir *La Epoca* du 27 Novembre 1904.

Cet article est publié avec l'autorisation de l'auteur, Don Pedro Pidal, marquis de Villaviciosa ; il a été traduit de l'espagnol par M. Fontan de Négrin, membre du C. A. F.

Le Naranjo de Bulnés est un pic dolomitique qui dresse ses parois abruptes et ses surplombs au centre des pics d'Europe, dans le massif des Orriellos. Ses murailles offrent des précipices formidables de plus de cinq cents mètres.

Seul, jusqu'ici, Don Pedro Pidal, accompagné d'un chasseur de Caïn, a réussi l'ascension, donnant ainsi un démenti à la réputation d'inaccessibilité du fameux Naranjo et jetant un défi aux grimpeurs modernes. C'est le récit palpitant de cette escalade que je traduis ici.

2. — « Robezo » ou « bicerra », sorte de chèvre sauvage : en patois asturien « rebeco ». (Note du traducteur.) »

Prado accuse 2592m et affirme que c'est le seul pic qui soit fermé à l'homme et à l'isard. Le comte de St-Saud et M. Labrouche, dans leurs remarquables études orographiques des Pics d'Europe, après avoir noté que le nom de Naranjo doit venir des stries orangées de sa roche calcaire, lui attribuent 2515m.

« Nous n'avons pas essayé, disent-ils, d'escalader ce rocher verti-
» cal, qui nous parait inaccessible avec les moyens dont nous dis-
» posions. Nous passâmes sur le versant occidental le 30 juillet 1892
» et M. de St-Saud l'examina sur un autre versant le 15 juillet 1893,
» accompagné de Raphaël Concha, dit le « Monju ». Ce fameux
» chasseur de Bulnés croit que, à la rigueur, il serait possible d'en

Cliché Fontan.

GORGES DU CARÉS

» essayer l'ascension en employant, au préalable, au moins une
» semaine à tailler des degrés sur sa panse lisse. »

D'après les affirmations de Prado, ce que disaient St-Saud et Labrouche, ce qu'ils rapportent du « Monju », il ne serait pas possible de tenter cette ascension, simplement avec une bonne corde, sans, au préalable, passer une semaine ou deux à entailler la roche. Et ce ne serait pas possible de la tenter avec quelque chance de succès ! Que des alpinistes avaient échoué dans cette entreprise, je le savais fort bien ; mais si l'on n'essaie pas soi-même de faire mieux que les autres, où placer le mérite, l'originalité et l'initiative !

Il est probable que mes prédécesseurs, bien que possédant l'énergie et la hardiesse voulue, ne purent disposer et du temps et des moyens nécessaires pour entreprendre cette ascension : c'est-à-dire une bonne corde et une journée convenable. De toute façon, afin de juger par soi-même du degré d'inaccessibilité du gigantesque, bizarre et formidable monolithe, il était utile de l'étudier de près, de le voir face à face, de palper ses parois verticales.

Dans ce but, l'année passée [1], je l'examinai sur ses quatre faces et jugeai comme totalement inaccessibles les versants Sud-Est et Ouest. En ce qui concerne le Nord, quelques doutes me restèrent et je pris la ferme résolution de les dissiper l'été suivant, vu qu'en ce moment les jours étaient déjà très courts et que je n'avais pas avec moi une corde alpine convenable ; de plus, je n'étais pas seul, et pour ne pas soutenir avec mes compagnons une discussion après laquelle ils m'auraient pris pour un fou, je préférai abandonner mon projet jusqu'au moment où il me serait permis de revenir seul.

Ascendre le Naranjo de Bulnés ! Autant ne rien dire ! Quelle était la prouesse d'alpiniste qui fut plus extraordinaire ! C'était pour moi un fait aussi étonnant que la prise de Port-Arthur par les Japonais.

Chacun a sa toquade [2] en ce monde : je préfère désigner ainsi mes caprices que de dénigrer ceux de mes semblables, sans doute parce que je ne les comprends pas. Grimper le long d'une paroi abrupte, avec un précipice à droite et un autre à gauche, pour surprendre quelque isard au détour d'un rocher, ou, depuis la cime, contempler un grandiose panorama et vaincre les difficultés qui inhèrent à l'un ou à l'autre de ces plaisirs, est un goût dont la plupart se moqueront. C'est là cependant une jouissance suprême qui me domine complètement et en présence de laquelle je me considère comme... toqué. Mais je constate que je ne suis pas le seul à avoir ce goût. Depuis que Whymper, célèbre ascensionniste anglais, le poète des sommets, s'est couvert d'une gloire immortelle en gravissant les cimes vierges du mont Cervin, près de Zermatt, et des Grandes Jorasses au-dessus de la mer de glace du Mont Blanc, et depuis que les récits de ses escalades firent le tour du monde, une pléiade innombrable d'hommes jeunes, Américains, Anglais, Français et Allemands, accourent en Suisse tous les ans pour y prouver les énergies de leur race.

Quelle idée me formerais-je et de moi et de mes compatriotes, si j'apprenais un jour que des Alpinistes étrangers avaient déployé là-haut, sur la cime vierge du Naranjo de Bulnés, l'étendard de leur pays et cela en Espagne, dans les Asturies, ma région de chasse préférée ?

---

1. — Cette étude du Naranjo fut faite en 1903. (Note du traducteur.)

2. — L'auteur emploie le mot « chifladura », littéralement sifflement. « Chiflado » veut dire toqué, fou. (Note du traducteur.)

Pour empêcher pareille chose de se produire, il était absolument indispensable d'arriver à temps au pied du Naranjo et d'en essayer l'escalade; en cas d'échec, je m'en retournerais du moins en emportant, avec la conscience de l'impossibilité que j'aurais eue moi-même, une opinion certaine de ce que pourraient faire les autres.

Dans ce but, j'achetai à Londres la meilleure corde alpine que je trouvais et fus à Chamonix, pour m'entraîner, comme disent les Français ; je fis l'ascension de l'aiguille du Dru, pain de sucre de 3755m qui domine la mer de glace et réputé comme l'un des sommets les plus difficiles.

De retour aux Asturies, je fis venir Gregorio « le Cainejo » (habitant de Caïn [1], qui est le Bulnés des pics d'Europe sur le versant castillan) pour lui faire part de la ferme résolution que j'avais d'aller étudier sur place le « Naranjo », ainsi que je le lui avais dit l'année précédente.

Gregorio est un homme robuste, grand chasseur d'isards, qui vit dans la montagne tant que les neiges ne le forcent pas à redescendre dans la vallée ; ses pieds nus prennent comme des ventouses le long des corniches inclinées des innombrables précipices qui tapissent les flancs des Pics d'Europe ; il déloge l'isard de ses « tours [2] » les plus inexpugnables ; dormir au pied d'un glacier et descendre au fond d'un abîme pour y chercher un animal blessé, tout cela n'est qu'un jeu pour lui. Gregorio était bien l'homme qu'il me fallait.

Le 4 Août 1904, nous couchons tous les deux, ainsi que des chèvres, au fond de la « Canal de Camburero ». Au petit jour, nous partons dans la direction du « Naranjo » et à 8 heures nous avions déjà déjeuné à côté d'une fontaine qui sort des entrailles même du colosse.

Nous étions arrivés au Pic des Orriellos, nom qu'on donne aussi au « Naranjo » sur le versant Nord, et quand nous en fûmes assez rapprochés, nous pûmes l'étudier en détail, grâce à nos bonnes jumelles prismatiques Zeiss.

Ce versant Nord, le seul qui pût laisser quelques doutes quant à son inaccessibilité, était d'architecture fort simple : un palier ou saillie [3] de la montagne au premier tiers inférieur et deux « cheminées [4] » verticales de là au sommet. Après avoir bien examiné ces cheminées à la lorgnette, nous comprîmes immédiatement que l'une d'elles, celle de droite, était absolument impraticable. En

---

1. — Caïn est un misérable hameau perdu au fond des gorges du « Rio Carés » et dominé par les escarpements Est de la Torre Santa. (Note du traducteur.)

2. — « Torres » : « tours ». Nom donné à presque tous les sommets des Pics d'Europe, surtout dans le Massif Central : « torre de Cerredo, de Llambrion », etc.

3. — « Descanso », littéralement repos. L'auteur désigne ainsi un ressaut de la muraille verticale et c'est en effet le premier endroit où l'ascensionniste peut et ose se reposer. (Note du traducteur.)

4. — « Grieta », littéralement crevasse, fente, fissure. (Note du traducteur.)

serait-il de même de la seconde? C'est ce que nous ne pouvions décider d'emblée, elle était trop éloignée de nous à cause de sa hauteur et nous ne saurions seulement à quoi nous en tenir qu'en approchant de sa base, c'est-à-dire une fois arrivés au palier dont j'ai parlé plus haut. Mais pourrions-nous atteindre ce palier? C'est ce qu'il fallait tenter.

En somme, l'ascension, si elle était possible, se composait de deux parties : d'abord de la base du pic au pied de la cheminée, ensuite par la cheminée elle-même.

Cliché Fontan.

LE NARANJO DE BULNÈS

Fortifiés par le déjeuner, nous nous mîmes de nouveau en route, non sans avoir reconnu auparavant l'impossibilité d'arriver directement à la saillie par l'Ouest, attendu que ce versant était absolument taillé à pic. Nous traversons alors la base Nord du Naranjo pour l'attaquer par l'Est et, au bout d'une heure environ, nous arrivons à un point où nous laissons les sacs, les lorgnettes et les bâtons, excepté la corde, de façon à marcher avec le moins d'embarras possibles. Gregorio se déchausse et moi j'ajuste de nouveau mes bonnes sandales.

Qu'avions-nous devant nous? Toute une série de « Llambrias » et la « Llambrialina [1] ». « Llambria » d'après le dictionnaire de la

1. — « Llambrias » et « Llambrialina » : le seul terme de montagne qui me paraisse propre à traduire le mot « Llambria » est dalle ; quant au mot « Llambrialina » dont

langue signifie : portion de montagne qui forme un plan très incliné et très difficile à passer. « Llambrialina », nom donné par les montagnards à une « Llambria » très étroite, absolument lisse, très inclinée et sans prise aucune, tombant droit sur le précipice.

J'avoue que pour moi, bien que j'aie quelque expérience du rocher, tout ici me paraissait absolument lisse et d'une terrible inclinaison et j'ordonnai formellement à Gregorio de ne pas insister dès qu'il y aurait témérité à le faire et que le danger serait imminent ; du moment que j'attachais quelque valeur à mon existence[1], je tenais tout autant à celle de mon ami, noble, loyal et de plus, comme moi, père de famille.

Gregorio partit seul pour explorer le terrain, tandis que je restais assis à le contempler, et je le vis s'accrocher de ses doigts crispés, se glisser, s'éloigner peu à peu, et enfin disparaître derrière les rochers verticaux. Au bout d'un quart d'heure qui me parut un siècle, je le vis apparaître de nouveau et il me cria que ce qu'il voyait (ce n'était pas encore la cheminée) « ne lui paraissait pas aussi mauvais ».

Mon cœur bondit de joie : ayant jeté la corde sur l'épaule et avec tout mon sang-froid je me glissai le long des roches lisses. Mes sandales bien ajustées prenaient comme de la poix, et les prises où je m'accrochais du bout des doigts me paraissaient absolument sûres. Depuis l'autre côté, Gregorio suivait mes opérations et m'indiquait ses passages.

J'arrivai ainsi à la « Llambrialina » et là je restai un moment à considérer tout ce qui m'entourait et j'esseyai de me familiariser avec ce que je n'avais pas encore vu jusqu'alors. Jamais ni les corniches inclinées, ni les précipices les plus abrupts ne m'inspirèrent la crainte toute spéciale que m'occasionnaient ces rochers qui semblaient avoir été polis au papier d'émeri. Tel est le résultat du travail des eaux! Le Cainejo me criait de me déchausser; mais j'avais plus de confiance dans mes sandales spéciales de la « Calle de la Salud[2] ».

J'allais lentement, plaçant un pied avec précaution et n'avançant le second qu'une fois que je sentais le premier bien en contact avec le rocher, mes deux mains appuyées sur la gauche pour maintenir l'équilibre ; je parvins ainsi à passer les trois ou quatre mètres de la dalle... Quand j'arrivai auprès de Gregorio, je lui tapai sur l'épaule, lui prouvant ainsi ma joie et ma confiance, et après trois ou quatre passages, nous arrivâmes au palier dont j'ai déjà parlé.

l'auteur nous donne lui-même l'explication, j'ai cru devoir le conserver tel quel. La « Llambrialina » du Naranjo est particulièrement scabreuse, la roche étant polie comme du marbre et l'inclinaison inquiétante. C'est dans ces mots qu'il faut peut-être chercher l'étymologie de la « Torre de Llambrion » (2623^{m}), un des points culminants du Massif Central. (Note du traducteur.)

1. — « Pellejo », littéralement « peau ». (Note du traducteur.)

2. — Une des rues de Madrid.

Combien joyeux fut le regard que nous portâmes autour de nous en ce premier succès de notre entreprise ! Quand, au-dessous de nous, nous vîmes l'endroit où nous avions déjeuné, nous constatâmes avec surprise, en comparant ce qui nous restait encore à monter au chemin que nous venions de faire, que nous n'étions pas encore au bout de nos peines. Nous levâmes les yeux vers le ciel et nous vîmes seulement une portion de la cheminée ; la partie supérieure disparaissait dans les nuages : faire demi-tour maintenant eût été une lâcheté manifeste. « En haut ! tant que nous le pourrons, Gregorio, m'écriai-je, j'ai une confiance absolue ; en avant ! » Sans en dire davantage, nous nous encordons et commençons l'ascension. Le Cainejo prit la place la plus difficile, en tête ; je le suivis de près, ayant soin de placer les pieds et les mains aux mêmes endroits que lui et nous montâmes ainsi un bon moment.

Chaque fois que mon compagnon ne pouvait atteindre une prise suffisante, ma tête d'abord, mon poing ensuite lui servaient de marches ; cette façon de monter très pratique, n'avait, j'en conviens, rien de fort élégant. Une fois en place, il me hissait avec force. Et ainsi nous montions sans arrêt, sans prononcer d'autres paroles que « très bien, sur la tête [1], en avant », mots qui me servaient à exciter sans cesse mon brave ami qui était toujours au-dessus de moi.

Quand la cheminée se rétrécissait trop, nous appuyions nos épaules d'un côté et les pieds de l'autre ; puis, moi poussant Gregorio, Gregorio me tirant, nous passions comme nous pouvions, sans jamais regarder au-dessous de nous, afin de ne pas être impressionnés par le vide et ne pas nous distraire de notre unique objectif pour lequel nous avions besoin de la plénitude de nos moyens. Un moment, à la dérobée, je plongeai mes regards au-dessous de moi... je ne vis rien, nous étions en plein brouillard, dans les nuages...

Heureuse circonstance qui nous cachait le danger, non en réalité, mais en nous en masquant la vue si fâcheuse. Nous venions de monter encore quelques mètres quand des cris poussés par Gregorio et des coups frappés contre le rocher attirèrent mon attention ; en prévision d'un danger que je ne connaissais pas encore, je demeurai immobile, la tête collée au rocher. Une pierre assez grosse, détachée par la corde, passait en ronflant à quelques centimètres de mes oreilles ; je l'entendis partir au-dessus de ma tête, passer tout près de moi, puis... plus rien ! Ni le bruit de ces heurts contre le rocher, ni celui de sa chute n'arrivèrent jusqu'à moi ; ainsi, bien que ne voyant rien autour de nous, nous pouvions, par notre ouïe, nous faire une idée du précipice sur les flancs duquel nous étions suspendus. Quand quelques pierres se détachaient encore, je collais de nouveau

1. — L'auteur met « al pelo », littéralement aux cheveux. (Note du traducteur.)

la tête au rocher et ne pouvant me boucher les oreilles, je fredonnais entre mes dents.

Nous montâmes ainsi le long de cette cheminée étroite et interminable, jusqu'au moment où j'entendis le Cainejo s'écrier : « Impossible de passer, Don Pedro. » Qu'y avait-il ? Quel nouvel obstacle surgissait sous nos pas ? Etait-ce la paroi verticale, une

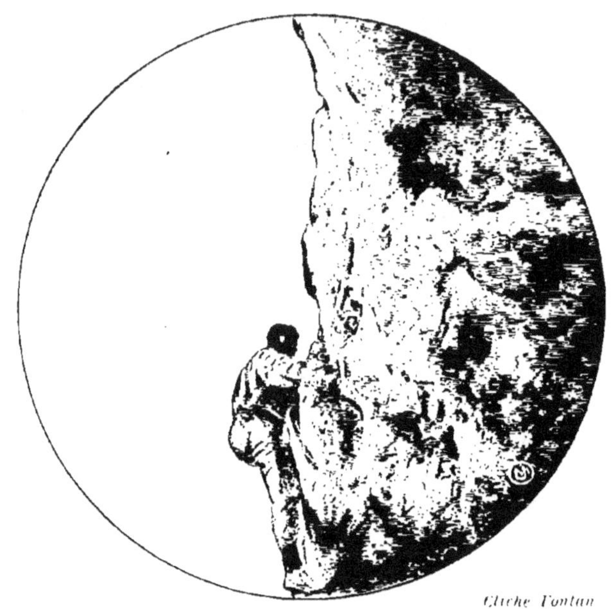

Cliché Fontan

SUR LES FLANCS DU NARANJO

pointe de rocher à l'angle menaçant, une dalle lisse ? Rien de tout cela : c'était une saillie de la roche, arrondie en forme de ballon [1] qui bouchait la fissure dans laquelle nous nous glissions et qui surplombait sur le précipice au-dessus de la tête de Gregorio.

Ce dernier tâtait de droite et de gauche, en quête de quelque prise ; efforts inutiles ! Je me hissai à ses côtés et examinai pour ma part du mieux que je pus, mais sans obtenir un meilleur résultat. Nous étions arrivés à un obstacle réellement impraticable ; c'était bien là « l'inaccessible ». J'avais la tête à la hauteur de la ceinture du Cainejo et nous étions là, tous deux immobiles, muets, déjà en proie à la tristesse profonde qui nous gagnait en comparant ce piteux résultat aux peines endurées.

Nous ignorions la hauteur où nous nous trouvions, mais nous pensions que le sommet ne pouvait être fort éloigné. Les nuées commençaient à s'éclaircir au-dessus de nous, et c'était comme l'annonce

1. — Le texte porte « panza de burra », panse de bourrique. (Note du traducteur.)

d'un paradis perdu pour ceux-là qui, vaincus, avaient conscience de ne pouvoir l'atteindre. Qu'y avait-il donc là-haut, tout au bout de cette cime immaculée que l'homme n'avait pas encore souillée? Nous restions là, tous deux, moroses, comptant sans doute sur quelque inspiration divine qui nous déterminât à agir, lorsque, pour changer de position, ma main se posa fortuitement sur une saillie qui paraissait être faite tout exprès pour elle. « Gregorio, dis-je aussitôt, je » tiens une prise superbe. Hissez-vous d'abord sur mes épaules, placez ensuite votre pied gauche sur ma main droite et vous verrez » comme je vais vous aider à monter : une fois que vous pourrez » passer les bras au-dessus de cette « panse », si elle n'est pas absolument lisse, vous vous cramponnerez, en vous aidant des genoux ». Eh quoi ! n'avais-je pas levé la grande haltère, la « *Sultane* du gymnase de Sanchez ! » « N'ayez crainte, Gregorio ! »

Ainsi fut-il fait. M'élevant au-dessus des nuages, je hissai Gregorio au-dessus de cet obstacle maudit.

Une fois en place, ses bras firent le reste et il m'enleva à bout de corde.

Le brouillard était descendu ou bien c'était nous qui l'avions dépassé ; le ciel était maintenant tout bleu et derrière nous un soleil resplendissant dorait les crêtes des pics voisins ; l'air vivifiant et pur des sommets emplissait nos poumons, nous découvrions la cheminée dans toute sa hauteur et là-haut, où elle se terminait en forme d'entonnoir, devait se trouver la cime....

Le sentiment de la victoire et du triomphe s'emparait de nous, nous montions avec avidité, sans songer au danger, sans dire un mot, tout réussissait à notre ambition démesurée. Quand la cheminée se termina, tout près du sommet, je me détachai, laissai la corde au Cainejo et passai devant ; fou de joie, ivre de plaisir et d'enthousiasme, je bondis sur la cime en poussant un formidable hurrah.... Il était 1 h. 1/4 de l'après-midi.

Nous étions au cœur même des Pics d'Europe : glaciers, névés, chaos, tours, tirés[1], aiguilles, défilés, précipices, rochers, puits, isards debout sur quelque pointe ou paissant en troupe à nos pieds, dans le vallon désert, au fond de l'Oule profonde, immense, tranquille et solitaire : voilà ce que nous avions sous les yeux. Quelques sommets se perdaient dans les nuages, d'autres les dépassaient et tout autour de nous, le vide et d'insondables précipices qui nous isolaient sur cette roche enchantée restée vierge durant des siècles.

... Nous sommes là, transportés d'enthousiasme à la vue d'un paysage aussi imposant, aussi original, et digne, sans exagération aucune, du crayon de Gustave Dore ; et nous serions restés longtemps ainsi si le temps ne nous avait pressés à cause de la descente,

1. — « Tiros » : postes de chasse. Nom donné aux endroits où Alphonse XII s'était posté, « Los Tiros del Rey », durant ses grandes chasses à l'isard dans les Asturies.

qui, ainsi que d'ordinaire, devait être plus difficile que la montée ; nous voulions d'ailleurs construire des tours ou signaux qui seraient là pour témoigner de notre ascension. Pendant une heure, nous travaillâmes avec ardeur, employant les pierres que nous trouvions sur cette cime inhospitalière et dépourvue de toute végétation.

Une de ces tours élevée par mon compagnon sera la plus durable, la mienne était peu solide : trois ou quatre grosses pierres juxtaposées pourront servir aussi de signal ; mais le temps pressait, il fallait songer à la descente. « Adieu donc, Pics d'Europe ! adieu, » cime divine qui me donna asile, sublime panorama qui se déroule » sous mes yeux ; adieu, région des neiges éternelles, forteresses » sublimes de rochers, abîmes insondables au sein desquels s'engouf- » frent les nuages !.... Adieu, pyramides élevées en souvenir de » tant de splendeurs !.... Vous, vous resterez debout, à moins que » la foudre n'ait la hardiesse de vous abattre ; vous resterez ici, où » nous autres nous ne faisons que passer, subissant la loi commune, » qui fait que les plaisirs les plus intenses sont les plus courts. Vous » serez là, comme preuve de notre escalade, non pour satisfaire un » vain orgueil, que nous n'éprouvons pas, mais pour servir d'exem- » ple et d'émulation, et comme signe de gloire afin que nous soyons » dignes d'obtenir l'immortalité dans le Paradis des Pics, ce vérita- » ble, pur et viril séjour des dieux de l'Olympe ! »

Ces paroles et bien d'autres encore résumaient mon mélancolique et suprême adieu à la cime sublime que nous abandonnions pour toujours et, en même temps que mes tendances poétiques et philosophiques, la faim commençait à se faire sentir. Nous n'avions rien mangé depuis huit heures du matin ; il ne nous restait que peu de force et nous allions être obligés de fournir un nouvel effort ; il fallait laisser de côté tout romantisme pour entreprendre avec calme et une conscience exacte du danger la descente dans ces rochers abrupts.

Voici le procédé que nous employâmes : prenant, comme à la montée, la place la moins dangereuse, je passai devant, m'appuyant aux rochers, tantôt de la poitrine, tantôt des épaules, et mon compagnon qui tenait la corde me laissait glisser jusqu'à ce que je sois dans un endroit sûr.

Quant à Gregorio, comme il descendait sans avoir personne au-dessus pour le retenir, il attendait le moment où je pouvais remonter un peu ; j'étirais alors le bras et tendais mon poing collé au rocher. Il y plaçait un pied, puis passait à la tête et de là à l'épaule. Quand il ne m'était pas possible d'arriver jusqu'à lui, il descendait alors « comme il le pouvait » accomplissant des merveilles d'équilibre et se cramponnant des doigts et des orteils.

Je dois dire que, tandis qu'il se laissait glisser ainsi, je m'accrochais au rocher et tenais la corde de toutes mes forces pour être en état de résister à la secousse, si par hasard le Cainejo avait été précipité dans le vide ; en cas d'accident, mon sort était lié au sien puisque la même corde nous réunissait. Un moment, il fut sans pouvoir ni avancer ni reculer, et je l'entendis murmurer : « Mon » Dieu ! mon Dieu ! pourquoi suis-je monté ici ! »

Entendre ces paroles et lui ordonner impérieusement de ne pas bouger, tout cela ne fit qu'un. « N'y a-t-il pas près de vous quelque » pierre peu solide que vous puissiez fixer à la corde ; si oui, faites-» le, puis placez-là dans une fente de rochers, tirez pour vous assurer » de sa solidité et laissez-vous glisser le long de la corde jusqu'à » mes épaules. » Mon conseil était bon, mais meilleurs encore furent les moyens employés par le Cainejo pour mettre la théorie en pratique. Nous coupâmes ensuite la corde qui resta là, se balançant dans le vide.

Les passages qui suivirent ne valurent guère mieux et à chaque instant je tremblais pour mon compagnon.

Le surplomb maudit, nous le passâmes en employant le même stratagème qu'à la montée ; mais voilà qu'une impossibilité nouvelle se présente ; Gregorio ne peut descendre. Que faire ? Couper de nouveau la corde ? Mais cela nous priverait et nous ne sommes pas encore au bout de nos peines ; j'eus une nouvelle idée.

Nous nous détachons et passons la corde autour d'une saillie de rocher. Le « Cainejo » se laisse glisser s'aidant des deux cordes, tandis que j'en tenais les bouts ; puis nous ramenons la corde à nous.

Nous étions tout près de la saillie ou selle du Naranjo, quand il sembla à Gregorio qu'en prenant un peu sur la droite la descente serait plus commode.

Pour moi, préférant un chemin, même mauvais, à une voie nouvelle, je déclinai toute responsabilité. Mais je ne voulais pas le contrarier, d'autant que c'était lui qui avait le rôle le plus difficile et que sa mémoire était cent fois supérieure à la mienne.

J'avais d'ailleurs une confiance absolue en lui et me laissais guider. Il ne faut pas oublier que nous étions en plein brouillard et le passage, qui était facile à reconnaître tant que nous suivions la même cheminée, devenait extrêmement dangereux ici, où, avec un tas de ramifications, la cheminée se perdait dans les roches lisses. Nous perdîmes tant de temps à tâtonner, qu'à 7 heures nous n'étions pas encore dans la bonne voie. « Avais-je raison ? » Ce fut tout ce que je dis. Nous attendîmes un peu pour voir si quelque coup de vent ne viendrait pas dissiper les nuages ; il y eut une légère éclaircie ; nous étions suspendus dans le vide ; au-dessus de nous et au-dessous de nous une paroi à pic. Nous retournâmes sur nos pas, par les rochers scabreux, en suivant l'abîme d'un œil attentif.

Nous nous détachons ; je ne sais comment Gregorio se perd dans le brouillard et moi je reste là songeant à la nuit mortelle que nous allions passer collés au rocher, et, avant de m'arrêter à cette perspective peu séduisante, je redoublai d'efforts pour me tirer de là. Il était sept heures et demie du soir : la nuit commençait à tomber ; les moments que je passai furent terribles. Tout à coup, j'entends la voix de Gregorio : par ici, Don Pedro, je tiens la Llambrialina ! Nous étions sauvés. Une fiente d'hirondelle, aperçue à la montée, lui avait servi de point de repère, pour retrouver le passage. Quel homme !

C'est à partir de ce moment que se terminèrent nos peines. La traversée de la Llambrialina fut relativement facile, nous étant attachés de nouveau. Les sacs n'étaient plus loin : aussitôt à eux, nous en sortons à la hâte un morceau de cervelas et arrivons courant et mangeant à la fontaine où nous avions déjà déjeuné ; nous la tarissons presque.

Il fait nuit noire quand nous arrivons à l'entrée du couloir de Camburero. Nous nous perdons encore, nous appelons les bergers et seul nous répond le bruit des pierres, détachées par les isards surpris dans leur sommeil. Nous devions être encore très haut ; nous descendons encore et toujours à travers les chaos scabreux. Des profondeurs de la vallée, montent vers nous des cris à peine perceptibles. Ce sont les bergers qui nous ont entendus. A 11 heures du soir, nous entrons dans leurs cabanes. C'était le 5 Août 1904 [1].

---

1. — En Août 1905, Don Pedro a fait une tentative infructueuse sur le versant Sud du Naranjo.

Tel est le récit palpitant de cette escalade forcenée : le lecteur éprouve un moment de soulagement quand il voit Don Pedro et Gregorio en sûreté. L'auteur fait ressentir à ceux qui le lisent toutes ses angoisses. Quand on a vu le Naranjo, quand on a palpité sur ses flancs vertigineux, on est pénétré d'une admiration profonde pour ceux qui ont osé le vaincre. (Note du traducteur.)

www.ingramcontent.com/pod-product-compliance
Lightning Source LLC
LaVergne TN
LVHW010251230826
846091LV00007B/2905

9782011769435